La toxicomanie
Guide d'information

GUIDE POUR LES PERSONNES AUX PRISES AVEC UNE TOXICOMANIE ET POUR LEURS FAMILLES

Marilyn Herie, Ph.D., TSI
Tim Godden, M.S.S., TSI
Joanne Shenfeld, M.S.S., TSI
Colleen Kelly, M.S.S., TSI

Catalogage avant publication de Bibliothèque et Archives Canada
La toxicomanie : Guide d'information / Marilyn Herie et coll.
Available in English under the title: Addiction – An Information Guide
Comprend des références bibliographiques.
ISBN 0-88868-484-3 – ISBN 978-1-77052-509-2
1. Polytoxicomanie. 2. Polytoxicomanie – Traitement.
I.Herie, Marilyn, 1963- II. Centre de toxicomanie et de santé mentale
RC564.15.A4414 2007 362.29 C2006-905173-9

ISBN : 978-1-77052-509-2 (VERSION IMPRIMÉE)
ISBN : 978-1-77052-510-8 (PDF)
ISBN : 978-1-77052-511-5 (HTML)
ISBN : 978-1-77052-512-2 (EPUB)

PM044

Imprimé au Canada

Il se peut que cette publication soit disponible dans des supports de substitution. Pour tout renseignement sur les supports de substitution, sur d'autres publications de CAMH ou pour passer une commande, veuillez vous adresser aux Ventes et distribution :
Sans frais : 1 800 661-1111
À Toronto : 416 595-6059
Courriel : publications@camh.net

Cyberboutique : http://store.camh.net

Site Web : www.camh.net

Available in English under the title:
Addiction: An Information Guide

Ce guide a été réalisé comme suit :
Élaboration : Michelle Maynes, CAMH
Correction-révision de la version anglaise : Sharon Kirsch ; Diana Ballon, Nick Gamble, CAMH
Conception graphique : Nancy Leung, Mara Korkola,CAMH
Responsable de l'impression : Christine Harris, CAMH

3973d / 06-2010 / PM044

Remarque : Les termes de genre masculin utilisés pour désigner des personnes englobent à la fois les femmes et les hommes. L'usage exclusif du masculin ne vise qu'à alléger le texte.

Table des matières

Remerciements

Nous tenons à remercier Caroline O'Grady de sa contribution à l'ébauche du présent guide.

Nous voulons également remercier les nombreuses personnes qui ont passé en revue les ébauches du guide et qui ont contribué à sa version finale, dont Kristin Baughan, Kirstin Bindseil, Gord Blain, Bruna Brands, Kelly Brown, Gloria Chaim, Charlane Cluett, Don Crocock, Eva Ingber, Dennis James, Don Keast, Yvon Lamarche, Michael Lee, Michael Lester, Alicia Maynard, Bob McTavish, Peter Menzies, Ronald Olmstead, Laureen Pawis, Kate Tschakovsky, Tom Walker et Leonard M.Wood.

Enfin, nous remercions le Dr Kingsley Watts pour sa contribution à la version de 2010.

Introduction

Le présent guide s'adresse aux personnes qui ont des problèmes liés à la consommation d'alcool ou de drogues, à leur famille et à toute autre personne qui veut comprendre la toxicomanie, sa prise en charge et les méthodes de traitement. Il ne remplace pas les soins dispensés par un médecin ou un professionnel du traitement de la toxicomanie, mais peut être utilisé pour formuler des questions et amorcer une discussion.

Il peut être difficile de parler de toxicomanie. Dans bien des cas, on ne s'entend pas sur ce qu'est la toxicomanie. Ce terme est utilisé pour décrire un large éventail d'états : le désir d'avoir ou de faire quelque chose qui procure du plaisir, les troubles médicaux et les compulsions incontrôlables. Les travailleurs de la santé et des services sociaux qui décrivent une « dépendance » à l'alcool et à d'autres drogues se servent également des expressions « problèmes d'abus d'alcool et de drogues » et « dépendance à l'alcool et aux drogues ». C'est ce que nous ferons dans le présent guide.

Le présent guide est divisé en sept chapitres. Les chapitres 1 et 2 s'adressent à toute personne qui s'intéresse à la toxicomanie. Les chapitres 3, 4 et 5 s'adressent plus précisément aux personnes aux prises avec des problèmes d'abus d'alcool et de drogues et les chapitres 6 et 7, à leur famille. Vous pouvez lire le guide du début à la fin ou lire uniquement les sections qui vous intéressent. Vous trouverez à la fin du guide une liste d'organismes, de sites Web et d'ouvrages fournissant plus de renseignements et de l'aide.

Nous espérons que le guide vous aidera à comprendre ce qu'est la toxicomanie, les hypothèses sur ses causes, les effets qu'elle peut avoir sur votre vie et ce que vous pouvez faire pour remédier à la situation.

1 Qu'est-ce que la toxicomanie ?

Les gens prennent de l'alcool et des drogues pour bien des raisons, que ce soit pour se détendre, pour se donner de l'énergie, pour perdre leurs inhibitions ou pour éprouver du plaisir. Certains croient qu'il est plus facile de faire face à leurs problèmes s'ils ont pris de l'alcool ou des drogues. D'autres en prennent pour des raisons religieuses, pour s'intégrer à un groupe ou parce qu'ils veulent faire l'essai d'une drogue en particulier.

Personne ne prévoit devenir toxicomane. Certains croient qu'ils maîtrisent leur consommation d'alcool ou de drogues et qu'ils en prennent seulement lorsqu'ils en ont envie. Toutefois, dès qu'ils veulent modifier leur consommation, ils constatent que ce n'est pas chose facile.

Comme la consommation d'alcool et de drogues est répandue, il faut être capable de repérer les cas où la consommation risque de devenir problématique.

> *Sophie adore aller dans un bar avec ses amies après le travail. Comme son emploi est stressant, elle prend quelques verres avec elles pour se détendre. Depuis quelque temps, au lieu de prendre un verre ou deux après le travail, elle passe la soirée à boire. Il lui*

arrive souvent de sauter le souper et de rentrer tard à la maison. À quelques reprises, Sophie a tellement bu qu'elle ne se souvenait plus comment elle était rentrée chez elle et le lendemain, elle arrivait au travail en retard. Son patron lui a dit qu'elle avait l'air fatiguée et distraite et lui a demandé si tout allait bien.

Cet exemple illustre un cas où un problème d'abus d'alcool se développe lentement. On constate que les indices de la consommation problématique d'alcool ou de drogues peuvent passer inaperçus.

Nous étudierons maintenant des facteurs qui indiquent que la consommation d'alcool et de drogues peut être problématique.

Quand la consommation d'alcool et de drogues est-elle problématique ?

Les effets négatifs et la perte de contrôle sont deux signes importants indiquant que la consommation d'alcool et de drogues est risquée ou problématique.

EFFETS NÉGATIFS

La consommation d'alcool et de drogues peut avoir des effets négatifs mineurs (p. ex., avoir la gueule de bois, arriver au travail en retard) ou majeurs (p. ex., perdre son logis, contracter une maladie). Même si la consommation peut sembler inoffensive, les effets négatifs peuvent s'intensifier avec le temps. Si une personne continue de prendre de l'alcool ou des drogues malgré les effets négatifs qu'elle en subit, elle pourrait avoir un problème d'abus d'alcool et de drogues.

L'alcool et les drogues peuvent avoir des effets négatifs sur tous les aspects de la vie de la personne qui en consomme :

- blessures subies pendant que les facultés sont affaiblies ;
- angoisse, irritabilité ou dépression ;
- difficulté à réfléchir ;
- trous de mémoire ;
- difficultés dans les relations avec autrui ;
- dépenses consacrées à l'achat d'alcool ou de drogues et non à l'alimentation, au loyer ou à d'autres nécessités ;
- problèmes juridiques causés par la consommation d'alcool ou de drogues ;
- sentiment de désespoir ou impression qu'on a un vide dans sa vie.

L'alcool et les drogues peuvent avoir des effets négatifs sur la famille, les amis et les collègues de travail de la personne qui en consomme. Ils peuvent même avoir une incidence sur des étrangers (p. ex., lorsqu'une personne prend le volant tandis que ses facultés sont affaiblies par l'alcool ou d'autres drogues).

PERTE DE CONTRÔLE

Certaines personnes continuent de prendre de l'alcool ou des drogues même si elles savent qu'ils causent des problèmes dans leur vie et qu'elles souhaitent arrêter. Il se peut qu'elles consomment davantage d'alcool ou de drogues que ce qu'elles aimeraient prendre ou qu'elles en consomment dans des situations où elles voudraient s'abstenir. D'autres personnes n'admettent pas que leur consommation d'alcool ou de drogues n'est pas maîtrisée et qu'elle cause des problèmes dans leur vie. On dit alors que ces personnes sont dans le déni. Toutefois, ce déni peut découler simplement d'une perception inadéquate de la situation. Qu'on s'en rende compte ou non, la perte de contrôle de la consommation est un autre signe que celle-ci est devenue problématique.

> *Simon a commencé à fumer de la marijuana il y a trois ans, à l'époque où son père est parti pour de bon. Au début, il en fumait seulement après l'école avec des copains, puis il s'est mis à en fumer plus souvent. Maintenant, il fume tous les jours. En fait, il prend son premier joint dès qu'il se lève le matin. Il dit que la drogue l'aide à se détendre et pense qu'elle est sans danger. Ses résultats scolaires, qui n'ont jamais été bons, se détériorent. Sa mère lui parle constamment de ses devoirs. Sa copine se plaint qu'il est toujours « défoncé ». Simon a essayé de mettre fin à sa consommation de drogue, mais il a constaté que, quand il ne fumait pas, il devenait tendu et irritable. Ses envies de se droguer sont plus fortes que sa volonté d'arrêter.*

Dans cet exemple, Simon montre des signes de toxicomanie. Il fume de la marijuana régulièrement, en subit des effets négatifs (problèmes à l'école et relation difficile avec sa copine) et est incapable de mettre fin à sa consommation. Il est tiraillé par son désir d'arrêter de prendre de la drogue, le plaisir qu'il éprouve quand il en prend et le soulagement que la drogue lui procure.

Définition de la toxicomanie

On utilise souvent les termes « toxicomanie », « dépendance » ou « accro » pour décrire tout comportement où il y a perte de contrôle. Par exemple, certaines personnes disent qu'elles sont accro d'une émission de télévision ou du magasinage. Ces termes sont également utilisés pour décrire l'état de manque ressenti lorsqu'on met fin à la consommation d'une substance ou à un comportement

(p. ex., « je pense que je suis accro du café, car j'ai mal à la tête si je cesse d'en prendre »).

Toutefois, le fait d'aimer prendre une substance ou de ressentir un état de manque ne signifie pas nécessairement qu'il y a dépendance.

Comme les termes « toxicomanie » et « dépendance » sont souvent utilisés de façon vague, un grand nombre de personnes ont tenté d'en préciser le sens. Voici une définition utile :

> La toxicomanie est une maladie primaire, chronique et neurobiologique comportant des facteurs génétiques, psychosociaux et reliés au milieu et à l'entourage. Elle se caractérise par un ou plusieurs des comportements suivants : perte de contrôle à l'égard de la consommation de drogues, usage compulsif, maintien de la consommation malgré ses méfaits et état de besoin intense (Savage et coll., 2003).

On peut également décrire la toxicomanie et la dépendance comme suit :

- état de besoin intense ;
- perte de contrôle à l'égard de la consommation ou de sa fréquence ;
- compulsion ;
- consommation malgré les conséquences de celle-ci.

Prenons l'exemple d'un homme qui aime tellement prendre de l'alcool qu'il va régulièrement dans un bar après le travail (état de besoin intense). Il boit de plus en plus, car sa tolérance à l'alcool s'accroit et éprouve un état de manque s'il s'abstient de boire. Il essaie plusieurs fois, sans succès, de réduire sa consommation (perte de contrôle). Il réorganise sa vie afin de pouvoir boire le plus souvent possible, négligeant ainsi son travail et sa famille (compulsion). Finalement, son épouse le quitte et il perd son emploi (conséquences).

Pourquoi certaines personnes continuent-elles à prendre de l'alcool et des drogues ?

Il peut être difficile de modifier sa consommation d'alcool et de drogues, notamment parce que ces substances ont généralement des effets positifs au départ. Par exemple, certaines personnes se sentent bien, ont davantage confiance en elles et oublient leurs problèmes après la prise d'alcool ou de drogues. Toutefois, il peut s'écouler un certain temps avant que les problèmes causés par la consommation ne se manifestent.

Certaines personnes consomment de l'alcool ou des drogues pour composer, à court terme, avec des sentiments pénibles ou douloureux. Une personne qui prend ces substances peut avoir l'impression que ses problèmes sont moins graves ou qu'il lui est plus facile de parler ou de se joindre à d'autres personnes ou d'avoir des relations sexuelles. Elle peut en venir à croire qu'il lui est impossible de fonctionner sans prendre d'alcool ou de drogues. Dans le cas où une personne consomme de l'alcool ou des drogues pour fuir la réalité ou modifier ses sentiments, cette consommation peut devenir une habitude dont il est difficile de se défaire.

La consommation d'alcool et de drogues à long terme, surtout si elle est excessive, peut modifier le fonctionnement du cerveau et d'autres parties du corps. Les personnes qui ont une dépendance physique et qui cessent de prendre de l'alcool ou des drogues peuvent éprouver des symptômes de sevrage pénibles. De plus, les changements subis par le cerveau peuvent être permanents. Ce pourrait être la raison pour laquelle certaines personnes continuent d'avoir envie de prendre de l'alcool ou des drogues et recommencent à en prendre plusieurs années après avoir mis fin à leur consommation.

Un grand nombre de personnes qui avaient une dépendance et qui ont mis fin à leur consommation d'alcool et de drogues comparent cette expérience à la fin d'une relation importante.

> *Alex a commencé à prendre de l'héroïne il y a plus de dix ans. Il n'avait jamais assez d'argent pour acheter de la drogue. De plus, il en avait assez d'être stressé parce qu'il devait se procurer de la drogue et que, s'il se faisait arrêter à nouveau, il serait allé en prison. Malgré cela, il ne lui a pas été facile de décider de mettre fin à sa consommation d'héroïne et d'essayer un traitement à la méthadone. Après que ce traitement est devenu routinier, Alex a commencé à s'ennuyer et ne savait plus que faire de son temps. Il voulait recommencer à prendre de la drogue, mais avait peur de ce qui lui arriverait s'il reprenait ses anciennes habitudes. Son conseiller l'a aidé à repenser comment il voulait vivre sa vie. Alex est retourné à l'école et a trouvé un emploi à temps partiel. Peu après, il a noué une relation avec une personne en qui il avait confiance. Certains jours sont plus difficiles que d'autres mais, avec le temps, et comme Alex se tient occupé, la vie devient plus facile.*

Alex a eu de la difficulté à mettre fin à sa consommation d'héroïne et à poursuivre son traitement, surtout au début. Les problèmes d'abus de drogues n'apparaissent pas du jour au lendemain. On peut en dire autant de leur solution. En poursuivant son traitement et en continuant de recevoir de l'aide, Alex a commencé à reprendre sa vie en main.

La toxicomanie est-elle répandue ?

La toxicomanie touche un grand nombre de personnes. Il y a de fortes chances que même les personnes qui n'ont pas eu un problème d'abus d'alcool et de drogues y aient été confrontées, car elles connaissent un membre de leur famille, un ami ou un collègue qui sont aux prises avec ce problème. Bien que la toxicomanie touche les hommes et les femmes de tout âge, elle est :

- de deux à trois fois plus fréquente chez les hommes que chez les femmes ;
- la plus répandue chez les personnes âgées de 15 à 24 ans (Statistique Canada, 2003).

Parmi les Canadiens, 2,6 pour cent avaient une dépendance à l'alcool et moins de un pour cent, une dépendance aux drogues illégales selon les constatations d'une étude sur la prévalence de la toxicomanie effectuée en 2002 (Statistique Canada, 2003). Toutefois, ces chiffres ne tiennent pas compte de l'incidence totale des problèmes d'abus d'alcool et de drogues au Canada. En effet, ces problèmes peuvent se produire même quand la quantité d'alcool ou de drogues consommée est faible et toucher des personnes qui n'ont pas de dépendance. Par exemple, selon certaines estimations, plus de 25 pour cent des hommes et près de 9 pour cent des femmes qui prennent de l'alcool sont des buveurs « à risque élevé ». On considère que ces personnes ont une consommation d'alcool dangereuse et nocive pour elles-mêmes ou pour autrui, même si elles n'ont pas nécessairement de dépendance (Adlaf et coll., 2004).

Préjugés associés à la toxicomanie

Les préjugés sont une autre raison pour laquelle les problèmes d'abus d'alcool et de drogues pourraient être plus fréquents que ce qu'indiquent les études. En raison des préjugés associés à ces problèmes, les personnes touchées peuvent éprouver de la honte et vouloir dissimuler leur toxicomanie.

Les préjugés ont également des répercussions sur la famille des personnes aux prises avec une toxicomanie. Celle-ci se sent obligée de cacher le problème ou de faire comme si tout allait pour le mieux alors que, en vérité, elle a besoin d'aide.

Que peut-on faire pour éliminer les préjugés ? Un moyen simple de contribuer à les éliminer consiste à remplacer les termes « toxicomane », « alcoolique », « junkie » et « drogué » par l'expression « personne ayant un problème d'abus d'alcool et de drogues ». Adoptez cette démarche, que vous parliez d'une autre personne ou de vous-même. Ce faisant, vous attacherez plus d'importance à la personne qu'au problème et vous démontrerez que vous savez qu'un problème ne définit pas une personne. De plus, vous fournirez à la personne aux prises avec une toxicomanie le soutien et la compréhension dont elle a besoin pour se rétablir.

2 Quelles sont les causes de la toxicomanie ?

On a étudié plusieurs facteurs pour tenter d'expliquer et de comprendre les causes de la toxicomanie. Une chose est certaine : il n'y a pas de cause unique de la toxicomanie. Ainsi, le développement de la toxicomanie chez une personne est attribuable à tout un ensemble de facteurs.

Facteurs génétiques

Il se peut que certaines personnes soient génétiquement plus vulnérables aux propriétés toxicomanogènes des drogues. Des études ont démontré que le risque d'avoir un trouble lié à l'abus d'alcool et de drogues est plus élevé chez les personnes dont un des proches parents a un tel trouble (Glantz et Pickens, 1992). Toutefois, un grand nombre de personnes génétiquement vulnérables à la toxicomanie ne développent pas une dépendance aux drogues tandis que d'autres, qui n'ont pas d'antécédents familiaux de toxicomanie, le font.

Interaction des drogues avec le cerveau

Les personnes qui prennent de l'alcool ou des drogues en consomment parce que ces substances stimulent le cerveau et leur procurent un sentiment de bien-être. Cette gratification immédiate pousse à répéter l'expérience. Toutes les substances susceptibles d'engendrer une dépendance stimulent la production de dopamine, une substance chimique présente dans le cerveau qui est associée à la récompense et au plaisir. Manger, boire et avoir des relations sexuelles sont toutes des activités qui amènent le cerveau à produire de la dopamine. Toutefois, la consommation d'alcool et de drogues stimule considérablement la production de dopamine, ce qui modifie l'activité chimique du cerveau. Le cerveau, de son côté, tente d'établir un juste équilibre en s'accoutumant à la présence de la drogue, ce qui signifie qu'il faut en consommer de plus en plus pour procurer un sentiment de plaisir. De plus, le cerveau s'adapte en réduisant la quantité de dopamine pouvant être produite. Cela explique en partie pourquoi les personnes aux prises avec une toxicomanie disent qu'elles se sentent « à plat » et déprimées lorsqu'elles ne prennent pas de drogue (NIDA ; Glantz et Pickens, 1992).

Milieu social

La situation à la maison, le quartier ou la collectivité où on vit et où on va à l'école, ou le lieu de travail peuvent avoir une incidence sur le risque d'avoir des problèmes d'abus d'alcool et de drogues. On peut en dire autant de l'attitude de l'entourage et de la famille ainsi que de la façon dont on perçoit la consommation d'alcool et de drogues au sein du milieu culturel. Certaines personnes qui font face à des préjugés ou à de la discrimination ou qui sont marginalisées en raison de leur culture, de leur race, de leur identité sexuelle, de leur orientation sexuelle, de leurs capacités, de leur âge ou d'autres facteurs consomment de l'alcool ou des drogues pour composer avec les traumatismes qu'elles vivent et avec l'isolement social dont elles font l'objet.

Questions liées à la santé mentale

Des recherches ont démontré que plus de la moitié des personnes ayant un trouble lié à la consommation d'alcool et de drogues ont également des problèmes de santé mentale au cours de leur vie, particulièrement l'angoisse ou la dépression (Reiger et coll., 1990). Le lien qui existe entre la consommation d'alcool et de drogues et les problèmes de santé mentale est complexe. Certaines personnes ayant de tels problèmes consomment de l'alcool ou des drogues pour se sentir mieux, mais ne font qu'aggraver leur état. Pour ces personnes, même une petite quantité d'alcool (p. ex., un verre ou deux) peut compliquer leurs problèmes.

Vous trouverez plus de renseignements sur le lien entre la consommation d'alcool et de drogues et les problèmes de santé mentale dans la publication de CAMH intitulée *Les troubles concomitants de toxicomanie et de santé mentale : Guide d'information* (que l'on peut consulter en ligne à www.camh.net/fr/About_Addiction_Mental_Health/Concurrent_Disorders/Concurrent_Disorders_Information_Guide/index.html. Pour commander cette publication, reportez-vous aux renseignements à la page 68).

Composer avec ses pensées et ses sentiments

Certaines personnes consomment de l'alcool ou des drogues pour composer avec des émotions ou des situations pénibles. Par exemple, il se peut qu'elles prennent ces substances parce qu'il leur est difficile de se calmer lorsqu'elles sont en colère ou bouleversées et que l'alcool ou les drogues régularisent leurs émotions. D'autres personnes prennent de l'alcool ou des drogues parce qu'elles sont stressées, parce qu'elles s'ennuient, parce qu'elles sont tristes ou pour atténuer leurs inhibitions et avoir plus de facilité à parler ou à exprimer ce qu'elles ressentent.

Appartenance spirituelle ou religieuse

Nous ne donnons pas tous le même sens au terme spiritualité. Toutefois, un des aspects de la spiritualité qui touche un grand nombre de personnes est le besoin de sentir que nous sommes liés les uns aux autres et liés au monde qui nous entoure. Les personnes qui n'ont pas noué ce genre de liens spirituels peuvent sentir un vide ou un manque d'espoir. Elles peuvent alors consommer de l'alcool ou des drogues pour dissimuler ces sentiments, puis se retrouver aux prises avec un problème d'abus d'alcool et de drogues.

Facteurs de risque et de protection

Les chercheurs ont tenté d'éclaircir les causes complexes des problèmes d'abus d'alcool et de drogues. Pour ce faire, on peut notamment déterminer les facteurs susceptibles de causer ces problèmes et ceux qui protègent contre de tels problèmes. Comme la consommation d'alcool et de drogues commence souvent pendant la jeunesse, les chercheurs se sont concentrés sur ce groupe d'âge.

Les **facteurs de risque** liés aux problèmes d'abus d'alcool et de drogues chez les jeunes comprennent les suivants :

- la présence de problèmes d'abus d'alcool et de drogues dans la famille ;
- de mauvais résultats à l'école ;
- la pauvreté, les conflits et les perturbations au sein de la famille ainsi que le stress ;
- le fait d'avoir des amis qui prennent de l'alcool ou des drogues ;
- avoir de la difficulté à s'intégrer ou être exclu d'un groupe en raison de sa race, de son ethnicité, de son sexe, de son âge, de son orientation sexuelle, de ses capacités ou d'autres facteurs ;
- avoir subi de la violence psychologique, physique ou sexuelle ;
- avoir fait l'objet de discrimination ou d'oppression.

Les **facteurs qui peuvent protéger** un jeune des problèmes d'abus d'alcool et de drogues comprennent :

- connaître un adulte dont le comportement exemplaire sert de modèle (p. ex., le père, la mère, un autre membre de la famille ou un enseignant) ;
- être bien encadré par ses parents ou d'autres personnes qui prodiguent des soins ;
- avoir des liens étroits avec sa famille, son école ou sa collectivité ;
- s'être fixé des objectifs et nourrir des rêves ;
- se livrer à des activités qu'on aime et qui sont bien encadrées (p. ex., sports, musique ou bénévolat).

L'absence ou la présence de facteurs de risque et de protection ne signifie pas qu'une personne sera ou non aux prises avec des problèmes. Toutefois, ces facteurs déterminent le niveau de risque auquel elle pourrait être exposée. Dans le cas d'une personne ayant un problème d'abus d'alcool et de drogues, les facteurs de risque et de protection influencent également dans quelle mesure cette personne sera capable de modifier sa consommation.

3 Questions fréquentes au sujet de la toxicomanie

Comment puis-je savoir si ma consommation d'alcool et de drogues est problématique ?

Si vous pensez que votre consommation d'alcool et de drogues peut être la cause de problèmes dans votre vie, essayez de répondre aux questions suivantes (questionnaire CAGE) :

1. Avez-vous déjà essayé de réduire votre consommation d'alcool ou de drogues ?
2. Vous êtes-vous déjà mis(e) en colère parce que quelqu'un a fait des commentaires sur votre consommation d'alcool et de drogues ou de tels commentaires vous ont-ils déjà agacé(e) ?
3. Vous êtes-vous déjà senti(e) coupable, car vous avez consommé de l'alcool ou des drogues ?
4. Vous est-il déjà arrivé de prendre de l'alcool ou des drogues dès votre réveil le matin ?

Si vous avez répondu par l'affirmative au moins deux de ces questions, il se peut que vous ayez un problème d'abus d'alcool et de drogues. Même si vous avez répondu oui à une seule question, il y a de quoi s'interroger.

Comment puis-je savoir si je dois suivre un traitement ?

Si vous pensez que votre consommation d'alcool et de drogues peut être la cause de problèmes dans votre vie et que vous n'êtes pas capable de la maîtriser, consultez un conseiller qualifié pour subir une évaluation. Cette personne vous posera des questions sur votre consommation, les problèmes qui en découlent et d'autres aspects de votre vie comme vos forces et les mesures de soutien à votre disposition. À partir des renseignements ainsi recueillis, vous et votre conseiller pourrez déterminer si un traitement ou une autre mesure de soutien vous serait bénéfique.

Où puis-je faire évaluer ma consommation d'alcool et de drogues ou obtenir des renseignements sur les traitements ?

Voici quelques suggestions pour obtenir des renseignements sur les services d'évaluation et de traitement offerts dans votre collectivité :

- Téléphonez à Drogue et alcool – Répertoire des traitements (DART) au 1 800 565-8603 ou consultez le site Web de cet organisme à www.dart.on.ca. DART tient une base de données sur tous les services de traitement de la toxicomanie offerts en Ontario et fournit des renseignements téléphoniques sur les moyens d'y accéder.

- Consultez votre médecin. Certains médecins peuvent dispenser des traitements mais la plupart orientent leurs clients vers un service de traitement spécialisé.
- Rendez-vous à un centre de santé communautaire, où vous pourrez obtenir des conseils et des renseignements. Vous trouverez la liste des centres de santé communautaire de l'Ontario à www.aohc.org (cliquez sur Ressources en français).
- Adressez-vous à des personnes qui ont suivi un traitement. Elles pourront vous faire des recommandations et vous dire ce qu'elles ont vécu.
- Un grand nombre d'employeurs ont mis sur pied un Programme d'aide aux employés (PAE). Si vous avez accès à un tel programme, vous pourrez obtenir des renseignements sur les services d'évaluation et de traitement.
- Consultez les Pages jaunes sous Toxicomanie pour obtenir les coordonnées du service d'orientation de votre localité.

Que se passe-t-il pendant le traitement ?

Les services de traitement varient d'un endroit à l'autre mais tous sont dispensés par des intervenants qualifiés qui :

- vous expliqueront les effets de l'alcool et des drogues sur votre vie ;
- planifieront le traitement avec vous ;
- vous mettront en contact avec d'autres services dont vous pourriez avoir besoin ;
- vous aideront à développer des compétences qui vous permettront de mener une vie saine et équilibrée ;
- vous aideront à fixer des objectifs et à les atteindre ;
- vous offriront des séances de counseling individuel et en groupe ;
- fourniront des renseignements et du soutien aux membres de votre famille ;
- vous apprendront comment éviter les rechutes et comment composer avec elles le cas échéant ;

- élaboreront un plan pour que vous soyez prêt(e) à faire face à ce qui se produira après le traitement.

Combien le traitement coûte-t-il ?

En Ontario, le gouvernement paie les frais liés à la plupart des services de traitement. Cela signifie que vous n'aurez rien à payer si vous résidez en Ontario et êtes couvert(e) par le régime d'assurance-santé de la province. Toutefois, il se peut que les coûts de certains services ne soient pas couverts. Pour plus de détails à ce sujet, adressez-vous au fournisseur de services.

Combien de temps le traitement dure-t-il ?

La durée du traitement dépend des services dispensés et de l'aide dont vous avez besoin pour atteindre vos objectifs. Le traitement peut durer quelques semaines, voire plusieurs mois ou plus.

Comment puis-je savoir si j'ai besoin d'aide pour un sevrage ?

Vous risquez davantage d'éprouver des symptômes de sevrage si vous cessez subitement de consommer de l'alcool et des drogues au lieu de réduire votre consommation graduellement. Les symptômes de sevrage varient d'une personne à l'autre. Ils dépendent de la substance consommée, de l'état de santé du consommateur et d'autres facteurs. Si, quelques heures ou quelques jours après avoir cessé de prendre de l'alcool et des drogues, vous êtes malade ou vous vous sentez en état de détresse, vous devriez consulter un centre de prise en charge du sevrage (également appelé centre de désintoxication). Si vous ne pouvez avoir accès à ce centre sur-le-champ, rendez-vous au service d'urgence d'un hôpital. Les employés de ce service peuvent évaluer l'état de santé des personnes en sevrage et leur venir en aide.

Les services de prise en charge du sevrage peuvent être de nature médicale ou autre. Cela dépend de vos besoins. Il se peut même que vous puissiez vous charger de votre sevrage à la maison. Pour votre sécurité, vous devriez demander des services de prise en charge du sevrage si vous :

- avez eu des problèmes de sevrage graves dans le passé (p. ex., convulsions ou hallucinations) ;
- avez une dépendance à plusieurs drogues ;
- avez une maladie qui pourrait être aggravée par les symptômes de sevrage (p. ex., maladie du cœur, diabète, hypertension artérielle) ;
- êtes enceinte.

Communiquez avec DART (1 800 565-8603 ou www.dart.on.ca) pour obtenir la liste des services de prise en charge du sevrage offerts dans votre localité.

Où puis-je obtenir des renseignements sur la consommation d'alcool et de drogues pendant la grossesse ou l'allaitement ?

La consommation d'alcool et de drogues pendant la grossesse ou l'allaitement peut être nocive pour le bébé. Pour plus de renseignements à ce sujet, consultez la publication de CAMH intitulée *Est-ce sans danger pour mon bébé ?* à www.camh.net/fr/About_Addiction_Mental_Health/Drug_and_Addiction_Information/Safe_Baby/index.html. Pour commander cette publication, reportez-vous aux renseignements à la page 68.

Que puis-je faire en attendant de suivre un traitement ?

Comme c'est parfois le cas pour d'autres services, il se peut que vous deviez attendre pour suivre un programme de traitement. Cela peut être pénible. Les services de gestion du sevrage et les groupes d'entraide peuvent vous fournir un soutien immédiat (vous trouverez une liste de groupes d'entraide à la page 66). Certains fournisseurs de programmes de traitement mettent sur pied des groupes d'orientation (ou groupes de soins initiaux). Vous pouvez assister aux séances de ces groupes pendant que vous êtes sur la liste d'attente. En attendant de suivre un programme de traitement, obtenez toute l'aide que peuvent vous fournir les membres de votre famille et vos amis qui ne prennent pas d'alcool ni d'autres drogues et votre groupe confessionnel. Vous pouvez également avoir recours aux services de counseling dispensés en dehors du système de traitement de la toxicomanie comme ceux offerts par l'entremise des centres de santé communautaire et du Programme d'aide aux employés (PAE) offert par votre employeur.

J'ai suivi un programme de traitement dans le passé. À quoi bon en suivre un autre ?

Certaines personnes croient que si elles recommencent à prendre de l'alcool ou des drogues après avoir suivi un programme de traitement, cela signifie que ce programme a été un échec et que cela ne vaut pas le coup d'en suivre un autre. S'il est vrai qu'il peut être décourageant de recommencer à prendre de l'alcool ou des drogues après avoir suivi un programme de traitement, ce n'est pas rare. Cela ne veut pas dire qu'il faut perdre espoir. Il faut généralement essayer plusieurs fois de réduire sa consommation d'alcool et de drogues ou d'y mettre fin ou suivre plusieurs programmes de traitement avant de réussir. Il faut parfois suivre un traitement différent et davantage adapté à sa situation. Il y a des programmes de traitement adaptés aux besoins des femmes, des Autochtones, des personnes qui ont une dépendance à la cocaïne et des personnes ayant des problèmes concomitants de toxicomanie et de santé mentale. Certaines personnes suivent à nouveau le même programme de traitement et obtiennent de meilleurs résultats. Le plus important c'est de ne pas abandonner la partie. Vous êtes capable de faire des changements durables.

Le chapitre suivant fournit plus de renseignements sur les possibilités de traitement.

4 Ressources offertes aux personnes aux prises avec une toxicomanie

Une fois qu'elles se rendent compte qu'elles doivent modifier leur consommation d'alcool et de drogues, un grand nombre de personnes se posent la même question : Que dois-je faire en premier lieu pour apporter ce changement ? Certaines personnes réussissent à se débrouiller seules, mais un grand nombre d'entre elles ont besoin d'aide.

Aucun traitement ne convient à tous, car les besoins des personnes ayant un problème de toxicomanie ne sont pas tous les mêmes. Le traitement dépend de la nature et de la gravité du problème, du soutien que peuvent accorder la famille, les amis et d'autres personnes, ainsi que de la motivation qu'a la personne aux prises avec ce problème. Les ressources disponibles sont aussi variées que les besoins qu'elles visent à combler.

Pour obtenir de l'aide, il est bien de commencer par consulter un conseiller qualifié. Cette personne évaluera votre toxicomanie et déterminera vos problèmes et vos forces, ainsi que la démarche et le type d'aide répondant le mieux à vos besoins. (Pour plus de renseignements sur les services d'évaluation, reportez-vous aux pages 17 et 18.)

Si vous décidez de suivre un programme de traitement, choisissez-en un qui répond à vos besoins et qui respecte votre philosophie personnelle. Le présent chapitre vous indique les éléments importants dont vous devriez tenir compte et les questions que vous devriez poser aux fournisseurs de traitements.

Il peut être difficile de faire les premiers pas pour obtenir de l'aide, que ce soit de décrocher le téléphone ou de se rendre à un centre de traitement. N'oubliez pas que vous n'êtes pas seul(e). En posant ce premier geste, vous vous engagerez dans la voie du changement.

Démarches axées sur l'initiative personnelle

AUTOCHANGEMENT

Certaines personnes ayant un problème d'abus d'alcool et de drogues parviennent à faire des changements de leur propre chef en utilisant un guide d'initiative personnelle. En général, les guides et les sites Web d'initiative personnelle aident les personnes qui les consultent à :

- déterminer les nombreuses causes et les nombreux effets de la consommation d'alcool et de drogues ;
- acquérir les aptitudes nécessaires pour réduire leur consommation ou y mettre fin ;
- élaborer un plan pour l'avenir et à se fixer des objectifs.

On trouvera une liste de guides d'initiative personnelle aux pages 63 et 64.

GROUPES D'ENTRAIDE

Les groupes d'entraide soutiennent les personnes qui s'efforcent de modifier leur consommation d'alcool et de drogues. Ce soutien constant est bénéfique car, pour un grand nombre de ces personnes, modifier leur consommation est un travail de longue haleine. Il n'est pas rare pour les personnes qui suivent un programme de traitement de faire partie d'un groupe d'entraide.

Alcooliques Anonymes (AA) est l'organisme d'entraide le plus ancien et celui qui compte le plus grand nombre de membres. Fondé en 1930, cet organisme perçoit la toxicomanie comme une maladie et impose à ses membres l'abandon total de l'alcool ou des drogues. Il existe maintenant un grand nombre de groupes venant en aide aux personnes ayant des problèmes d'abus d'alcool et de drogues. Ces groupes épousent diverses philosophies et démarches et certains s'inspirent du Programme des Douze Étapes des AA. Certains groupes viennent en aide aux personnes qui veulent uniquement réduire leur consommation d'alcool et de drogues. Voici des exemples de groupes d'entraide : Cocaïnomanes anonymes (CA), Double Recovery Initiative (qui vise à la fois la toxicomanie et les problèmes de santé mentale), Moderation Management (MM), Narcotiques Anonymes (NA), Nicotine Anonyme (NicA), Smart Recovery: Self Management and Recovery Training et Women for Sobriety (WFS). Un grand nombre de ces groupes offrent des services de soutien en ligne (la liste des sites Web se trouve aux pages 65, 66 et 67).

De plus, on trouve dans beaucoup de collectivités des initiatives lancées par des utilisateurs ou des survivants, des groupes d'usagers de drogue et d'autres groupes populaires qui défendent une cause.

Réduction des méfaits

Certains programmes de traitement ont adopté une démarche axée sur la réduction des méfaits afin de venir en aide aux personnes qui ne sont pas prêtes à cesser de consommer de l'alcool et des drogues, qui ne sont pas disposées à le faire ou qui en sont incapables. Cette démarche reconnaît que certaines personnes :

- ne sont pas prêtes à modifier leur consommation d'alcool et de drogues ;
- ne veulent pas nécessairement s'abstenir de consommer ces substances ;
- peuvent être disposées à cesser de consommer une substance mais pas une autre ;
- sont prêtes à apprendre comment réduire les méfaits associés à leur consommation d'alcool et de drogues ;
- sont plus susceptibles de suivre un traitement si elles ne sont pas obligées de cesser de boire ou de prendre d'autres drogues.

Pour un grand nombre de personnes ayant des problèmes d'abus d'alcool et de drogues, l'abstinence peut être l'objectif le plus attrayant, surtout aux yeux de leur famille et de certains fournisseurs de traitements. La démarche axée sur la réduction des méfaits, quant à elle, fournit d'autres moyens de réduire les méfaits associés à la consommation d'alcool et de drogues que subissent la personne qui consomme ces substances et la collectivité dans son ensemble.

Voici des exemples de stratégies de réduction des méfaits :

- enseigner aux usagers des moyens plus sûrs de prendre de l'alcool ou des drogues ;
- enseigner aux usagers comment reconnaître les signes d'une surdose ;

- fournir des seringues stériles et d'autre matériel permettant d'injecter de la drogue afin de réduire la transmission d'infections comme le VIH (le virus du sida) et l'hépatite C lors du partage des seringues ;
- s'assurer qu'on subvient aux besoins fondamentaux des gens comme l'alimentation, le logement et les soins médicaux ;
- remplacer une drogue par une drogue plus sûre (p. ex. remplacer l'héroïne par la méthadone).

Médicaments servant à traiter la toxicomanie

L'utilisation du timbre ou de la gomme à la nicotine, d'un inhalateur ou du bupropion (un médicament connu sous le nom de Zyban) peut doubler les chances d'arrêter à jamais de fumer (Selby et Els, 2004).

Pour les personnes qui ont une dépendance à l'héroïne ou à d'autres opioïdes (p. ex., la codéine, le Percodan, l'OxyContin), la méthadone et la buprénorphine sont des traitements efficaces. Ces médicaments remplacent l'opioïde en cause. Ils préviennent le sevrage et les états de manque sans créer d'euphorie chez l'usager. Ces médicaments stabilisent l'état de santé au point où il est possible de travailler, d'étudier et de conduire. En général, le traitement dure au moins un an, mais il peut se poursuivre pendant plusieurs années.

Il existe peu de médicaments pour traiter les autres types de toxicomanie. Le naltrexone (Revia) peut atténuer les envies de boire chez les personnes qui ont une dépendance à l'alcool. Il peut aussi être utilisé pour éliminer les effets des opioïdes. Le disulfirame (Antabuse), quant à lui, rend malade et donne des nausées si on boit de l'alcool.

Pour l'instant, il n'existe pas de médicament pour traiter la dépendance à la cocaïne ou à la méthamphétamine. Pour plus de renseignements sur les traitements à base de médicaments, consultez votre médecin.

Types de services de traitement

Les services de traitement de la toxicomanie peuvent être de courte ou de longue durée, et de faible ou de forte intensité. Ils peuvent être dispensés dans la collectivité ou en établissement. Bien que tous les types de traitement puissent être efficaces, il faut choisir le traitement en fonction des circonstances dans lesquelles se trouve la personne aux prises avec une toxicomanie. Les personnes qui ont recours aux services de traitement communautaires vivent à la maison et se rendent dans les bureaux d'un organisme pour y recevoir des services. En général, les fournisseurs de services communautaires sont plus disposés à travailler avec les personnes qui continuent de prendre de l'alcool ou des drogues pendant qu'elles suivent un traitement. Les personnes qui suivent un programme en établissement vivent dans cet établissement pendant une période donnée. La plupart de ces programmes exigent des personnes aux prises avec une toxicomanie qu'elles s'abstiennent de consommer toute substance non prescrite pendant leur traitement. Les démarches suivies en matière de traitement et les philosophies adoptées à l'égard de la toxicomanie varient d'un service et d'un organisme à l'autre. Il importe donc de se renseigner sur la démarche suivie par le fournisseur de services. Les services suivants pourraient être offerts dans votre collectivité :

- **Prise en charge du sevrage (« désintoxication »)** : Il se peut que, pour suivre ce genre de programme, il faille s'abstenir en totalité ou en partie de consommer de l'alcool et des drogues. Selon les besoins des particuliers et les ressources disponibles dans la collectivité, des services médicaux et non médicaux de gestion du sevrage peuvent être offerts à la maison ou en établissement.

- **Counseling individuel ou de groupe** : Séances de counseling de courte (huit séances ou moins) ou de longue durée offertes dans la collectivité. Elles peuvent durer jusqu'à deux heures et sont offertes au moins un jour ou un soir par semaine.
- **Traitement de jour ou en établissement** : Pendant au plus trois semaines, les participants assistent à des séances de counseling individuel et en groupe qui durent toute la journée. Dans le cadre d'un traitement de jour, les participants rentrent à la maison le soir et la fin de semaine. Si le programme est dispensé en établissement, les participants restent sur place pendant toute la durée du traitement, mais peuvent être autorisés à rentrer à la maison le soir et la fin de semaine.
- **Traitement de longue durée en établissement** : Ces programmes de traitement durent de six semaines à six mois.
- **Centre de réadaptation pour personnes toxicomanes et communautés thérapeutiques** : Les participants habitent dans un logement supervisé ou individuel avec des employés et d'autres personnes qui se remettent d'une toxicomanie. En général, on s'attend à ce qu'ils ne consomment aucune substance non prescrite. On peut exiger d'eux qu'ils travaillent ou qu'ils aillent à l'école à l'extérieur du centre.
- **Postcure** : Des services de postcure sont offerts aux personnes qui ont suivi un programme de traitement pour les aider à réintégrer la collectivité et à ne pas recommencer à consommer de l'alcool et des drogues.

Nature des programmes de traitement

Les programmes de traitement ne sont pas tous les mêmes. Ils peuvent comporter des volets axés sur la culture, les traditions ou la spiritualité. La section suivante décrit certains aspects du traitement qui vous permettront de déterminer ce à quoi vous pouvez vous attendre et ce que vous devriez rechercher.

COUNSELING

Il existe plusieurs types de counseling, notamment le counseling individuel, en groupe et en couple et la thérapie familiale. En général, le counseling vise à :

- aider les participants à faire le point sur les effets que leur consommation d'alcool et de drogues a sur leur vie, les facteurs qui peuvent les amener à consommer ces substances et les mesures concrètes qu'ils peuvent prendre pour réduire cette consommation ;
- étudier les pensées et les émotions des participants pendant la séance et à amener ces derniers à se rendre compte que leurs expériences personnelles influencent leurs comportements, leurs interactions et la façon dont on les perçoit ;
- promouvoir le mieux-être physique, affectif et spirituel, notamment en aidant les participants à :
  - composer avec les envies et les tentations de consommer de l'alcool et des drogues,
  - satisfaire leurs besoins en s'affirmant,
  - adopter un mode de vie sain,
  - trouver des moyens de rencontrer des gens et de nouer des relations sans avoir recours à l'alcool ni à d'autres drogues,
  - réduire leur niveau de stress.

Certains organismes regroupent plusieurs aspects de ces types de counseling lors de leurs séances.

INFORMATION SUR L'ALCOOL ET LES DROGUES

En vous renseignant sur les effets de l'alcool et des drogues, vous comprendrez mieux comment ils affectent votre vie et celle des personnes qui vous entourent. Certains organismes de traitement offrent aux familles des séances d'information sur l'alcool et les drogues. (Pour obtenir des renseignements généraux sur certaines drogues et catégories de drogues, consultez la série de dépliants de CAMH intitulée *Vous connaissez…*, qui est disponible à www.camh.net/fr/Publications/CAMH_Publications/do_you_know_index_fr.html. Pour commander ces dépliants, reportez-vous aux renseignements à la page 68.)

DÉMARCHE GLOBALE EN MATIÈRE DE TRAITEMENT

Un grand nombre d'organismes offrent divers services et mesures de soutien connexes, notamment des séances d'information et de counseling sur :

- la gestion du stress et de la colère ;
- le chagrin et les traumatismes ;
- les moyens de trouver un emploi ou de retourner à l'école ;
- la saine alimentation ;
- les moyens de trouver un logement sûr et abordable ;
- les moyens d'obtenir des prestations d'aide sociale ou d'invalidité ;
- la gestion de l'argent et la préparation d'un budget ;
- l'acquisition de compétences parentales.

Dans bien des cas, si un fournisseur de traitements ne peut vous offrir d'aide dans tous ces domaines, il vous dirigera vers un organisme pouvant vous venir en aide. Il peut également vous mettre en contact avec les organismes offrant les services et les programmes dont vous avez besoin.

Services s'adressant à des groupes particuliers et portant sur des questions précises

Dans certaines localités, on offre des services s'adressant à des groupes particuliers et portant sur des questions précises, notamment des programmes :

- pour les Autochtones mettant l'accent sur les méthodes traditionnelles de guérison ;
- pour des groupes culturels précis offerts dans plusieurs langues ;
- pour les lesbiennes, les gais, les personnes bisexuelles, transsexuelles, transgenres, bispirituelles, intersexuelles, queer ou en questionnement (LGBTTIQQ) ;
- pour les aînés, les jeunes, les femmes ou les hommes ;
- pour les personnes ayant un handicap ;
- pour les personnes qui ont eu des démêlés avec le système de justice pénale ;
- pour les immigrants et les réfugiés ;
- pour les personnes ayant des problèmes concomitants de toxicomanie et de santé mentale ;
- pour les personnes qui prennent des drogues précises comme la cocaïne, l'héroïne, la nicotine ou des solvants ;
- qui font appel à des traitements non traditionnels comme l'acupuncture, l'hypnose et la méditation.

Usage du tabac

Plus de 80 pour cent des personnes qui ont une dépendance à l'alcool ou à d'autres drogues fument la cigarette. Ce taux est trois fois plus élevé que celui enregistré dans la population générale. Certaines personnes ayant des problèmes d'abus d'alcool et de drogues disent qu'il est encore plus difficile d'arrêter de fumer que de cesser de consommer de l'alcool ou des drogues.

Le tabac cause davantage de décès que l'alcool, les drogues illégales, le SIDA, l'hépatite C, le suicide, les meurtres et les accidents de véhicules automobiles réunis. L'abandon du tabac et la réduction de l'usage du tabac valent les efforts qu'il faut déployer pour y parvenir. Il a été démontré qu'il est plus facile pour les personnes qui ont arrêté de fumer de s'abstenir de consommer de l'alcool et des drogues (Selby et Els, 2004).

Certaines personnes réussissent à modifier elles-mêmes leur consommation de tabac mais un grand nombre de fumeurs ont besoin d'aide. Les personnes qui ne sont pas prêtes à arrêter de fumer peuvent obtenir de l'aide en vue de réduire leur consommation de tabac et de se préparer à y mettre fin, notamment en s'adressant à la Téléassistance pour fumeurs (1 877 513-5333) ou http://ccs.centretabacstop.net.

Faire les premiers pas qui mènent au rétablissement

Pour la plupart des gens, la première chose à faire lorsqu'on fait face à un problème d'abus d'alcool et de drogues est de décrocher le téléphone. Pour plus de renseignements sur les ressources offertes dans votre localité, communiquez avec DART (1 800 565-8603 ou www.dart.on.ca). Après tout, un long voyage commence par un simple pas !

5 Changement, rétablissement et prévention de la rechute

Le rétablissement à la suite d'un problème d'abus d'alcool et de drogues n'est pas perçu de la même façon par tout le monde. En général, le rétablissement se fait lorsque les personnes aux prises avec un tel problème en viennent graduellement à maîtriser leur consommation d'alcool et de drogues, acquièrent de la confiance en soi et assument de plus en plus de responsabilités. Aucun traitement n'est garanti. Pour se remettre d'une toxicomanie, il faut apprendre à avoir confiance en ses capacités, être prêt à déployer des efforts considérables et être déterminé à atteindre ses objectifs. Cela demande du temps et du soutien. Le traitement vise à éviter la rechute, c'est-à-dire la reprise de la consommation problématique d'alcool et d'autres drogues. Toutefois, une rechute peut survenir à tout moment et fait souvent partie du processus de rétablissement.

Pour nombre de personnes, le plus difficile pour se rétablir est de décider d'apporter des changements.

Se préparer à changer

Un grand nombre de personnes ayant un problème d'abus d'alcool et de drogues tardent à consulter un professionnel ou à assister à des séances d'entraide parce qu'elles ne savent pas si elles sont prêtes à mettre fin à leur consommation d'alcool et de drogues et capables de le faire. Cette incertitude et cette ambivalence à l'égard du changement sont normales. Il n'est pas facile de décider de changer. La plupart des programmes de traitement offerts aujourd'hui reconnaissent que le changement et le rétablissement sont un processus. Un grand nombre de programmes et de groupes d'entraide accueillent les personnes qui ne sont pas tout à fait prêtes à modifier leur consommation d'alcool et de drogues, mais qui sont peut-être prêtes à examiner leur consommation et ses effets sur leur vie.

SE FIXER DES OBJECTIFS DE CHANGEMENT

Les personnes qui décident de changer leur consommation d'alcool et de drogues se fixent un objectif de changement qui tient compte de leur situation et des progrès qu'elles ont accomplis en vue d'apporter ce changement. Cet objectif ne sera donc pas le même pour tout le monde. Ce peut être :

- de s'abstenir de consommer de l'alcool et des drogues ;
- de réduire leur consommation d'alcool et de drogues ;
- de cesser de consommer une drogue mais pas l'autre (p. ex., cesser de boire mais continuer de prendre de la marijuana) ;
- de réduire les méfaits de leur consommation d'alcool et de drogues (p. ex., continuer de boire mais ne pas prendre le volant en état d'ivresse).

Il se peut qu'un objectif qui convient à une personne ne convienne pas à une autre. Certaines personnes décident de réduire leur consommation d'alcool, mais ont de la difficulté à ne prendre qu'un verre ou deux. Dans ce cas, elles pourraient décider que l'abstinence est un objectif plus réaliste pour elles.

Les étapes du changement

Il peut être difficile de prendre la décision de changer et encore plus de prendre des mesures en ce sens. Le changement est lui aussi un processus. En général, il se produit graduellement.

À la première étape du processus de changement, appelée l'**inaction**, les personnes ayant un problème d'abus d'alcool et de drogues ne font pas le lien entre leur consommation de ces substances et les problèmes qu'elles éprouvent. Si cette consommation ne cause pas de problème, à quoi bon envisager de la modifier ? Toutefois, si elles se soumettaient à une évaluation, elles se rendraient peut-être compte que leur consommation d'alcool et de drogues leur cause des problèmes.

Cette nouvelle perception pourrait amener ces personnes à passer de l'inaction à la prochaine étape du processus de changement, appelée la **prise de conscience**. À cette étape, elles envisagent de changer et prennent conscience des effets négatifs de leur consommation. Toutefois, elles y voient aussi de bons côtés de sorte qu'elles peuvent se sentir tiraillées entre les bons et les mauvais côtés.

Il se peut que les effets négatifs deviennent plus nombreux que les bons côtés. Dans ce cas, les personnes ayant un problème d'abus d'alcool et de drogues pourraient passer à l'étape de la **préparation**. À cette étape, elles décident de changer et élaborent des stratégies réalistes comme suivre un programme de traitement, se joindre à un groupe d'entraide ou fixer une date à laquelle elles modifieront leur consommation d'alcool et de drogues.

Lorsqu'elles commencent à apporter des changements, par exemple en réduisant leur consommation d'alcool et de drogues ou en y mettant fin, ces personnes passent à l'étape de l'action. Après avoir adopté ces changements pendant deux à six mois, elles passent à l'étape du **maintien**.

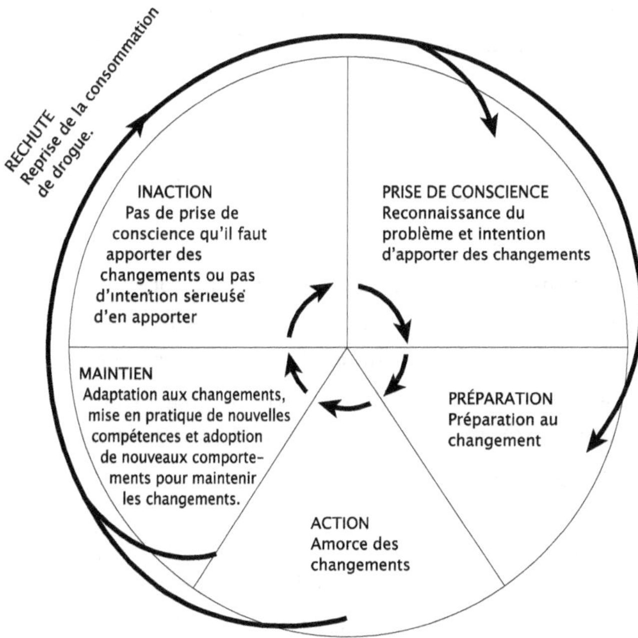

Le diagramme ci-dessus illustre toutes les étapes du changement sous forme de sections d'un cercle. Les flèches se trouvant à l'extérieur du cercle indiquent les étapes où on peut sortir du cycle du changement et faire une rechute et celles où on peut reprendre le cycle. On dit souvent que faire une **rechute**, c'est revenir en arrière, mais ce n'est pas toujours le cas. S'il est vrai qu'il est toujours préférable d'éviter la rechute, les leçons qu'on en tire peuvent déboucher sur des changements durables.

Stratégies pratiques permettant d'apporter des changements durables

Les stratégies qui favorisent le changement dépendent de l'étape où vous vous situez. Voici quelques conseils pour chaque étape du changement.

STRATÉGIES POUR L'ÉTAPE DE L'INACTION

- Même si vous n'êtes pas convaincu(e) de la nécessité de changer, tenez un registre de votre consommation d'alcool et de drogues. Indiquez à quel moment vous en consommez, quelles substances vous prenez, en quelles quantités, comment vous vous sentez, où vous êtes et avec qui vous vous trouvez. Vous aurez ainsi une meilleure idée du rôle que joue la consommation d'alcool et de drogues dans votre vie.
- Songez à étudier votre consommation pour déterminer si elle est problématique ou non. Vous pouvez par exemple remplir l'un ou l'autre des courts questionnaires suivants (en anglais seulement) sur la consommation d'alcool : http://notes.camh.net/efeed.nsf/feedback ou www.alcoholhelpcenter.net/cyd/.
- Envisagez de prendre rendez-vous pour faire évaluer votre consommation d'alcool et de drogues.
- Demandez à un membre de votre famille ou à un ami ce qu'il pense de votre consommation d'alcool et de drogues.
- Si l'une ou l'autre de ces stratégies sème le doute en vous, félicitez-vous d'avoir reconnu que votre consommation d'alcool et de drogues pourrait être problématique.

STRATÉGIES POUR L'ÉTAPE DE LA PRISE DE CONSCIENCE

- Déterminez quels seraient les avantages et les inconvénients de modifier votre consommation d'alcool et de drogues.

- Posez-vous la question suivante : « De quoi ai-je besoin pour pouvoir changer ? »
- Déterminez ce qui vous tient le plus à cœur (p. ex., votre famille, votre emploi, votre santé).
- Comment votre consommation d'alcool et de drogues affecte-t-elle ces aspects de votre vie ?
- Ne vous laissez pas abattre si vous hésitez à apporter des changements. Un grand nombre de personnes sont dans la même situation que vous.

STRATÉGIES POUR L'ÉTAPE DE LA PRÉPARATION

- Fixez-vous un objectif, par exemple la date à laquelle vous réduirez votre consommation d'alcool et de drogues ou y mettrez fin.
- Renseignez-vous sur les divers programmes et services de traitement de la toxicomanie.
- N'oubliez pas les raisons pour lesquelles vous voulez changer.
- Ne vous attendez pas à tout changer du jour au lendemain et ne minimisez pas l'importance des petits changements que vous avez apportés.
- Obtenez le soutien de vos amis et de votre famille.
- N'oubliez pas vos forces et le soutien dont vous disposez, car ils vous aideront à changer.

STRATÉGIES POUR L'ÉTAPE DE L'ACTION

- Demandez l'aide de votre famille, de vos amis et de professionnels de la santé (p. ex., votre conseiller ou votre médecin).
- Suivez un programme de traitement de la toxicomanie ou joignez-vous à un groupe d'entraide.
- Évitez les personnes, les endroits et les choses qui pourraient vous empêcher d'atteindre les objectifs que vous vous êtes fixés relativement à votre consommation d'alcool et de drogues.

- Renseignez-vous sur les autres possibilités de traitement comme les médicaments qui atténuent les états de manque et les traitements en établissement.

STRATÉGIES POUR L'ÉTAPE DU MAINTIEN

- Soyez conscient(e) des envies intenses et des situations où vous pourriez être tenté(e) de déroger aux objectifs que vous vous êtes fixés relativement à votre consommation d'alcool et de drogues.
- Rappelez-vous sans cesse les raisons pour lesquelles vous voulez changer.
- Récompensez-vous lorsque vous aurez modifié votre consommation. Faites quelque chose qui vous fait plaisir, par exemple livrez-vous à votre passe-temps préféré ou à une autre activité agréable. Toutefois, ne vous récompensez pas en prenant « un petit peu » d'alcool ou de drogue.
- Songez à vous joindre à un groupe de prévention de la rechute ou à un groupe d'entraide ou à suivre une postcure

Gérer la rechute

Il peut être difficile de réduire ou de cesser sa consommation d'alcool et de drogues. Il n'est donc pas étonnant que certaines personnes qui y parviennent recommencent à avoir des problèmes de consommation d'autres drogues. Il peut être décourageant de faire une rechute. On peut alors se sentir vulnérable et faible et avoir l'impression qu'il est impossible de se remettre d'une toxicomanie. Si vous faites une rechute, dites-vous que c'est un revers temporaire, tirez-en une leçon, prenez note des compétences que vous avez utilisées pour vous en sortir et ne vous dites pas que vous avez échoué. Concentrez-vous sur les changements durables que vous avez apportés, tels que :

- réduire la quantité de drogue que vous prenez et en prendre moins fréquemment ;
- adopter un mode de vie plus sain (p. ex., poursuivre vos études, garder votre emploi et ne pas consommer ni d'alcool ni de drogues à l'école ou au travail) ;
- réduire ou éliminer d'autres comportements à risque élevé.

QUELLES SONT LES CAUSES DE LA RECHUTE ?

Plusieurs facteurs peuvent « déclencher » une rechute. Ils varient d'une personne à l'autre. Voici une liste de facteurs courants :

- état émotif négatif (comme la colère, la tristesse, un traumatisme ou le stress) ;
- malaise physique (comme les symptômes de sevrage et la douleur physique) ;
- état émotif positif (vouloir se sentir encore mieux) ;
- mise à l'essai de la maîtrise de soi (« Je réussirai à prendre un seul verre ») ;
- tentations et fortes envies (état de besoin) ;
- conflits (comme une dispute avec son conjoint ou son partenaire) ;
- pressions sociales (situations où il semble que tout le monde consomme de l'alcool ou des drogues) ;
- moments agréables passés avec des amis ou des membres de la famille (Marlatt, 1996).

Si vous faites une rechute, il est important que vous déterminiez les facteurs qui l'ont déclenchée et que vous trouviez des moyens de composer avec les situations à risque.

La voie du rétablissement

Tel qu'illustré ci-dessous, le rétablissement peut avoir l'apparence d'un parcours en dents de scie. Certains réussissent à suivre un chemin direct menant au sommet du mont Rétablissement, mais la plupart des gens commettent des erreurs (rechute) en cours de route. Chaque accident de parcours donne l'occasion de faire le point sur ce qui a marché et sur les changements qu'il faut apporter.

Le Mont Rétablissement

Une montagne de décisions!

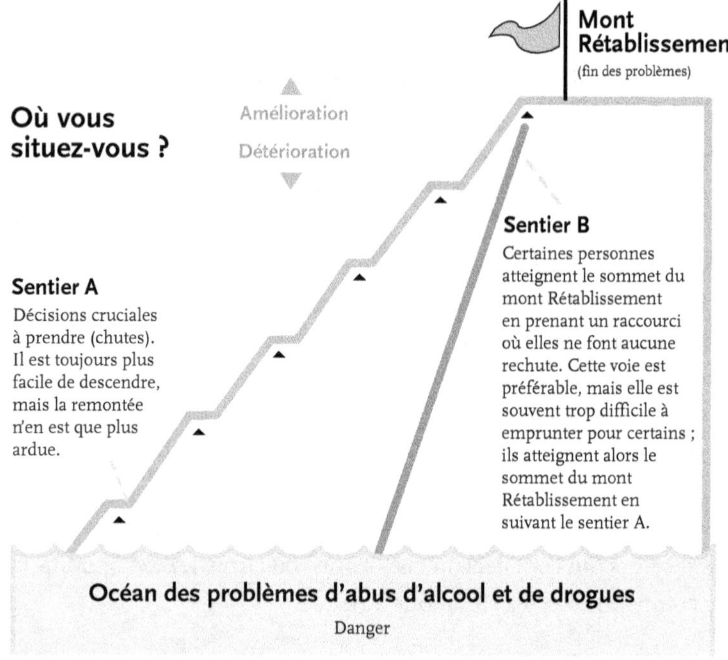

6 Aide offerte aux partenaires et aux familles

Un problème d'abus d'alcool et de drogues touche toute la famille. Il se peut que, lorsque le problème est récent, la famille ne comprenne pas ce qui se passe. La personne aux prises avec ce problème n'est peut-être pas consciente de sa situation ou ne dit pas tout ce qu'elle vit.

À mesure que le problème se précise, il se peut que les membres de la famille ne s'entendent pas sur ce qu'il faut faire pour y remédier. Individuellement et ensemble, les membres de la famille peuvent avoir de la difficulté à trouver un juste équilibre entre, d'une part, leur désir de venir en aide à la personne qui en a besoin et de la protéger et, d'autre part, la nécessité de la laisser assumer la responsabilité de ses actes. Dans une telle situation, il se peut que les membres de la famille :

- éprouvent de la culpabilité et de la honte ;
- éprouvent du chagrin et soient déprimés ;
- aient l'impression de plus être maîtres de la situation et soient angoissés ;
- éprouvent de la colère et du ressentiment ;
- refusent d'admettre qu'il y a un problème.

Si le problème s'aggrave, les membres de la famille pourraient commencer à perdre espoir.

Il se peut que :

- la communication devienne vague et obscure ;
- les conflits soient plus fréquents et que des relations soient interrompues ;
- les rôles et les responsabilités changent graduellement ;
- l'on doive réparer les dommages et secourir la personne aux prises avec le problème afin de la protéger ou que l'on tente de dissimuler le problème ;
- la personne se fasse harceler ou qu'on lui profère des menaces ;
- l'on compte le nombre de verres consommés par la personne ou que l'on prenne d'autres mesures visant à surveiller sa consommation.

Enfin, il se peut que les membres de la famille tentent de contrôler la personne et sa consommation d'alcool et de drogues, qu'ils se mettent eux aussi à consommer davantage d'alcool et de drogues et qu'ils se négligent sur le plan affectif, physique ou social.

Aide que la famille peut fournir

La famille peut jouer un rôle important dans le rétablissement. Si elles bénéficient du soutien de leur famille, les personnes ayant un problème d'abus d'alcool et de drogues sont plus susceptibles de poursuivre leur traitement et d'obtenir des résultats positifs. Toutefois, les membres de la famille pourront accorder ce soutien uniquement s'ils subviennent d'abord à leurs propres besoins.

CE QUE LE PARTENAIRE ET LES MEMBRES DE LA FAMILLE PEUVENT FAIRE POUR BIEN PRENDRE SOIN D'EUX

Il importe que, en tant que partenaire ou membre de la famille, vous preniez soin de votre santé physique et mentale. Pour ce faire, vous pouvez prendre les mesures suivantes :

- **Fixez des limites.** Déterminez ce que vous êtes disposé ou non à faire et communiquez-le au membre de votre famille ou à votre partenaire. Cette personne comprendra alors qu'elle doit assumer la responsabilité de ses comportements. Dans certains cas, la famille vient en aide à l'être cher en cachant le problème ou en faisant en sorte que cette personne ou son partenaire ne subisse pas les conséquences de sa consommation d'alcool et de drogues. Cette façon de faire peut atténuer la volonté de changer ou même aider la personne à continuer de boire ou de prendre des drogues.
- **Réservez-vous du temps.** Continuez de vous livrer aux activités auxquelles les membres de votre famille, la personne ayant un problème d'abus d'alcool et de drogues ou votre partenaire ne participent pas.
- **Songez à demander du soutien pour vous, même si le membre de votre famille ou votre partenaire ne suit pas de programme de traitement.** Si vous comprenez le problème et ses effets sur votre vie, il vous sera plus facile d'y faire face. Vous pourriez entreprendre une thérapie ou vous joindre à un groupe d'entraide ou de soutien familial. Il se peut que le centre de traitement de la toxicomanie de votre localité offre de tels programmes ou puisse vous dire où vous pourriez les suivre.
- **Examinez votre propre consommation d'alcool et de drogues.** Est-elle préoccupante ? Conduit-elle une autre personne de votre entourage à faire un abus d'alcool et de drogues ?
- **Reconnaissez et acceptez le fait que vous aurez parfois des sentiments négatifs ou que vous vous mettrez en colère à cause de la**

situation dans laquelle vous êtes. Il est normal d'avoir des émotions conflictuelles. Si vous en êtes conscient(e), il vous sera plus facile de maîtriser ces émotions et, par conséquent, de soutenir le membre de votre famille ou votre partenaire pendant son rétablissement. Dans la mesure du possible, ne vous sentez pas coupable de vos sentiments.
- **Protégez-vous sur le plan physique, affectif et financier si cela est nécessaire.** S'il y a des enfants en cause, veillez à leur sécurité.
- **Restez en contact avec les personnes qui peuvent vous soutenir,** comme des amis et des membres de la famille qui n'habitent pas avec vous. Évitez de vous isoler.
- **Ne laissez pas le problème prendre le contrôle de votre vie de famille.** Dans la mesure du possible, réduisez votre niveau de stress et faites en sorte que votre vie de famille demeure normale. Continuez de vous livrer à des activités familiales comme les anniversaires et les fêtes traditionnelles.

Un problème d'abus d'alcool et de drogues peut mettre à rude épreuve les liens noués avec les membres de la famille qui ne consomment pas ces substances. La façon dont les membres de la famille perçoivent le problème peut varier d'une personne à l'autre et ceux-ci peuvent interagir différemment avec la personne aux prises avec le problème. Le counseling familial peut resserrer les liens familiaux et permettre aux membres de la famille de se soutenir les uns les autres et d'appuyer la personne ayant un problème d'abus d'alcool et de drogues.

AMENER LE MEMBRE DE VOTRE FAMILLE OU VOTRE PARTENAIRE À SUIVRE UN TRAITEMENT

Il peut être difficile d'amener le membre de votre famille ou votre partenaire à reconnaître qu'il a besoin d'aide. Même si cette personne sait que sa consommation d'alcool et de drogues est problématique, elle peut être d'avis que le traitement ne lui sera pas utile. La décision de demander de l'aide doit être prise par la personne qui en a besoin. Toutefois, les membres de la famille peuvent l'encourager. En général, le meilleur moyen d'amener quelqu'un à suivre un traitement est de le soutenir et de lui montrer qu'on se préoccupe de sa situation.

Avant d'aborder la question du traitement, déterminez à quelle étape du changement se trouve la personne (pour plus de renseignements sur les étapes du changement, reportez-vous aux pages 36 et 37). Dans bien des cas, les membres de la famille souhaitent que la personne en soit à l'étape de l'action, même si sa décision de modifier la consommation d'alcool et de drogues n'a pas encore été prise. Si vous exercez des pressions trop fortes ou si vous suggérez un traitement ou d'autres mesures avant que la personne ne soit prête à s'engager dans cette voie, vous pourriez obtenir le résultat inverse. De plus, la personne pourrait devenir encore plus réticente à entamer des changements. La meilleure façon de procéder consiste à déterminer quel aspect du problème le membre de votre famille ou votre partenaire est le moins réticent à changer. Par exemple, la personne mentionnera-t-elle peut-être que les difficultés qu'elle éprouve à se rendre au travail à l'heure, à remplir son rôle de père ou de mère de façon efficace ou à jouer un rôle actif dans la vie de ses enfants sont liées à sa consommation d'alcool. Dans ce cas, servez-vous de ce commentaire pour amener la personne à envisager de demander de l'aide. Vous pouvez également vous renseigner sur les services d'évaluation de la toxicomanie dispensés dans votre localité. Proposez au membre de votre famille ou à votre partenaire de l'accompagner à la séance d'évaluation.

Si le problème est grave, il se peut que quelqu'un ne faisant pas partie de la famille tente de convaincre la personne de suivre un traitement. Si le rendement au travail a diminué, l'employeur peut exiger de la personne qu'elle règle la question de sa consommation d'alcool et de drogues. En outre, des difficultés avec la justice ou des problèmes connexes pourraient exercer des pressions sur la personne pour qu'elle change sa consommation ou suive un traitement. Il se peut que la personne réagisse d'abord avec colère face aux pressions exercées sur elle pour qu'elle suive un traitement. Toutefois, dans bien des cas, le traitement permet aux personnes qui se trouvent dans cette situation de se rendre compte qu'elles doivent changer.

Lorsque la personne commence son traitement, les membres de sa famille peuvent être pleins d'espoir et d'optimisme. Ils se rendront peut-être compte à quel point la personne vit une situation difficile et admireront le courage dont elle a fait preuve en admettant qu'elle a un problème et en s'engageant dans la voie du changement. Vos encouragements soutiendront la personne dans son cheminement.

Conseils pour aider le membre de votre famille ou votre partenaire

- **Renseignez-vous le plus possible sur les causes, les signes et les symptômes de l'abus d'alcool et de drogues.** Cela vous aidera à comprendre le membre de votre famille ou votre partenaire et à soutenir son rétablissement.
- **Communiquez avec le membre de votre famille ou votre partenaire de façon positive, directe et claire.** Dites-lui ce que vous voulez qu'il se produise plutôt que de critiquer ses comportements passés. En évitant les critiques personnelles, vous aiderez cette personne à se sentir acceptée pendant qu'elle fait des changements difficiles.
- **Encouragez le membre de votre famille ou votre partenaire à suivre le plan de traitement.** Encouragez également cette

personne à assister régulièrement aux séances de traitement et à se prévaloir des mesures de soutien que lui offre son conseiller ou son groupe. Appuyez les efforts qu'elle déploie afin d'éviter tout ce qui pourrait l'amener à consommer de l'alcool et des drogues.

- **Demandez au membre de votre famille ou à votre partenaire comment vous pouvez le soutenir et créer un milieu plus sûr** (p. ex., cette personne préférerait-elle qu'il n'y ait plus l'alcool à la maison ?).
- **À mesure que le membre de votre famille ou votre partenaire se rétablit, encouragez-le à assumer à nouveau certaines responsabilités qu'il avait délaissées et à renouer les liens qui ont été rompus.** En reprenant contact avec les aspects les plus sains de sa vie comme la famille, les amis, le travail et les loisirs, cette personne aura moins de difficulté à maintenir les changements qu'elle a apportés et à renouer des liens mieux équilibrés avec les membres de sa famille.
- **N'oubliez pas que le rétablissement ne se fera peut-être pas sans difficultés.** La rechute fait souvent partie du rétablissement. Assurez-vous que vos attentes soient réalistes et encouragez la personne à se fixer des objectifs réalistes. Déterminez d'avance comment vous réagirez si cette personne fait une rechute, qui peut mener à la reprise de l'abus d'alcool et de drogues. Si cela se produit, déterminez ce que vous ferez et jusqu'où vous irez et faites-en clairement part au membre de votre famille ou à votre partenaire.
- **Donnez de l'espoir** au membre de votre famille ou à votre partenaire et rappelez-lui que, même si cela est très difficile, il peut se rétablir.

Relation avec le partenaire

Un problème d'abus d'alcool et de drogues peut avoir un effet profond sur une relation intime. Le ressentiment, la colère et la perte de confiance qui en découlent peuvent créer un froid et de l'hostilité au sein de la relation. Il se peut que le partenaire qui ne consomme pas d'alcool ni d'autres drogues se sente trahi en raison des gestes posés dans le passé par son partenaire. Il se peut également qu'il ait assumé une part injuste des responsabilités. Avec le temps, le partenaire peut avoir de plus en plus l'impression qu'il joue le rôle du père ou de la mère, ce qui risque de miner la relation de couple. Même si le partenaire ayant un problème d'abus d'alcool et de drogues réduit sa consommation ou y met fin, il faudra du temps, de la patience et de nombreux efforts pour rétablir la relation. Le partenaire consommait peut-être de l'alcool et des drogues pour composer avec le stress et qu'il doive acquérir de nouvelles aptitudes pour faire face aux pressions de la vie.

Si votre partenaire y consent, parlez à un conseiller. Cela vous aidera à comprendre le traitement et à trouver des moyens de soutenir votre partenaire et de l'encourager à aller de l'avant.

Les groupes de soutien s'adressant aux membres de la famille peuvent aussi être utiles. Plus tard, lorsque votre partenaire passera à l'étape de l'action ou du maintien, songez à suivre une thérapie de couple dispensée par un thérapeute qui comprend la toxicomanie. Ce genre de thérapie pourrait améliorer la communication au sein du couple et renforcer la relation.

7 Expliquer la toxicomanie aux enfants

Les enfants confrontés à des problèmes d'abus d'alcool et de drogues à la maison méritent des explications. Il faut leur dire pourquoi la vie est chaotique, pourquoi certaines personnes ont un comportement étrange, pourquoi elles se disputent ou pleurent. Il se peut que, hors du milieu familial, le membre de la famille se comporte normalement et cache ses problèmes. Si personne n'explique la situation, les enfants pourraient tirer leurs propres conclusions, qui sont souvent erronées. Il se peut qu'ils réagissent à la situation de façon malsaine, par exemple :

- en assumant une part trop grande des responsabilités familiales ;
- en s'efforçant de tout faire parfaitement ;
- en devenant renfermés et en s'isolant ;
- en devenant agressifs ou en réagissant mal ;
- en prenant eux-mêmes de l'alcool et des drogues.

Il est probable que les enfants confrontés à un problème d'abus d'alcool et de drogues dans leur foyer éprouvent des sentiments qui sèmeront en eux la confusion, comme par exemple :

- l'inquiétude ;
- la colère ;

- la tristesse ;
- l'incertitude ;
- la peur ;
- le blâme ;
- le ressentiment ;
- la culpabilité ;
- le rejet ;
- la honte.

Les enfants ont besoin de savoir que ces sentiments, même ceux qui leur font peur, sont normaux. Ils ont également besoin de savoir qu'ils peuvent demander de l'aide et parler de ce qu'ils ressentent. La présence d'un adulte affectueux et en bonne santé en qui ils ont confiance peut aider les enfants à comprendre ce qu'ils vivent.

Il faut aider les enfants qui se trouvent dans cette situation à :

- reconnaître et à exprimer leurs sentiments ;
- comprendre que d'autres familles sont dans la même situation ;
- se rendre compte qu'ils ne sont pas responsables des problèmes qu'éprouve la personne ni de son rétablissement ;
- comprendre que le rétablissement est un processus long et complexe qui comporte beaucoup de hauts et de bas.

Il peut être difficile et délicat d'expliquer un problème d'abus d'alcool et de drogues aux enfants. Assurez-vous que les renseignements que vous leur donnez conviennent à leur âge. N'oubliez pas ce qui suit :

- **Les tout-petits et les enfants d'âge préscolaire** comprennent les phrases simples et courtes. Ils ont besoin de renseignements concrets exempts de jargon technique. Expliquez le problème de façon simple, puis assurez-vous que la vie de l'enfant est aussi normale que possible. Après avoir expliqué le problème, livrez-vous à une activité amusante avec l'enfant.

- **Les enfants d'âge scolaire** peuvent assimiler davantage de renseignements que les enfants plus jeunes. Il se peut qu'on leur ait déjà fourni des renseignements sur la drogue à l'école. Soyez prêt à répondre à leurs questions de façon honnête.
- **Les adolescents** peuvent généralement comprendre la plupart des renseignements qu'on leur fournit. On leur aura parlé de la drogue à l'école. Il se peut qu'ils vous posent des questions sur la substance que consomme le membre de la famille. Il est important que les adolescents disent ce qu'ils pensent de la situation et expriment ce qu'ils ressentent. Il se peut qu'ils s'inquiètent de ce que d'autres personnes, surtout leurs camarades, pensent d'eux et de leur famille. En parlant de la situation aux adolescents, vous les encouragerez à parler et à poser des questions.

Ce qu'il faut dire aux enfants

- **Dites aux enfants que le membre de la famille a un problème d'abus d'alcool ou de drogues.** Dites-leur que ce problème affecte le comportement, l'humeur et le jugement de cette personne et que, lorsqu'elle consomme de l'alcool ou des drogues, elle peut dire ou faire des choses qu'elle ne dirait pas ou ne ferait pas en temps normal.
- **Rassurez les enfants en leur disant qu'ils ne sont pas la cause du problème.** Ils pourraient croire que c'est de leur faute. Dites-leur que, peu importe ce qu'ils font, ils n'ont pas amené la personne à consommer de l'alcool et des drogues, et qu'ils ne peuvent rien faire pour modifier le comportement de cette personne ou y mettre fin. Vous devrez peut-être leur répéter ce message plusieurs fois.
- **Dites aux enfants que ce n'est pas à eux de prendre soin de la**

personne ayant un problème d'abus d'alcool et de drogues. Ils s'inquiéteront peut-être de la santé de cette personne. Expliquez-leur que ce n'est pas à eux de régler ce problème. C'est le rôle d'un adulte, comme un médecin, de prendre soin de la personne.

- **Encouragez les enfants à maintenir leur routine et à se livrer à des activités qu'ils aiment à l'extérieur de la maison comme les sports ou le théâtre.** Laissez les enfants se comporter comme des enfants. Ils ne devraient pas porter le fardeau des problèmes de la famille.
- **Aidez les enfants à trouver un adulte digne de confiance à qui ils peuvent s'adresser s'ils ont besoin de parler à quelqu'un ou s'ils se sentent en danger.** En les laissant choisir la personne à qui ils peuvent demander de l'aide, vous aiderez les enfants à se sentir moins isolés. De plus, ils sentiront qu'ils ont plus de contrôle sur la situation. Assurez-vous que l'adulte choisi sait que l'enfant pourrait lui téléphoner et donnez le numéro de téléphone de cette personne à l'enfant. Si les enfants souhaitent parler à quelqu'un de façon anonyme, suggérez-leur d'appeler Jeunesse J'écoute au 1 800 668-6868.

À l'extérieur de la maison

Parlez avec les enfants de ce qu'ils devraient dire aux personnes qui ne font pas partie de la famille. Les membres de la famille, y compris les enfants, ne voudront peut-être pas que d'autres personnes soient au courant du problème d'abus d'alcool et de drogues par crainte qu'on les perçoive de façon négative. Toutefois, si les amis ne sont pas au courant du problème, ils ne pourront pas accorder leur soutien. Or, ce soutien pourrait aider toutes les personnes concernées à faire face à la situation. Chaque famille doit déterminer ce qui sera révélé au sujet du problème.

Pendant le rétablissement

Une fois que la personne ayant un problème d'abus d'alcool et de drogues aura atteint ses objectifs de rétablissement, il faut rassurer les enfants en leur disant que cette personne est de nouveau disponible et qu'elle s'intéresse toujours à eux. Pour renouer de bonnes relations avec les enfants, la personne devra peut-être leur expliquer son comportement passé et prévoir des activités spéciales auxquelles elle se livrera avec eux. Il se peut que les enfants aient besoin de parler de leurs sentiments et veuillent que ceux-ci soit compris et acceptés. Il faut que les enfants sachent que le rétablissement ne se fait pas du jour au lendemain et qu'il peut y avoir des hauts et des bas. Le rétablissement est une bonne occasion de parler du problème, d'aider les enfants à comprendre ce qu'ils ont vécu et de les aider à se préparer à l'éventualité d'une rechute.

Conclusion

Dans le présent guide, on a donné un aperçu de la toxicomanie, de ses causes possibles et des divers traitements offerts. La toxicomanie peut être prise en charge avec succès. Toutefois, une rechute peut se produire. Pour cette raison, les personnes ayant un problème d'abus d'alcool et de drogues doivent savoir où elles peuvent suivre un traitement et comment elles peuvent profiter des périodes où la consommation de ces substances n'est pas problématique pour rester en bonne santé et éviter une rechute. Ces renseignements peuvent aider les membres de la famille à soutenir leur parent ou leur partenaire. En lisant le présent guide, vous avez fait un pas important en vue de vous renseigner sur la toxicomanie et d'élaborer des stratégies qui vous permettront de composer avec le problème de façon plus efficace.

Le rétablissement est un cheminement qui peut être long. Il faut du courage et de la détermination pour faire face à un problème d'abus d'alcool et de drogues. Toutefois, plusieurs ressources peuvent vous venir en aide. Vous trouverez dans la section suivante une liste d'ouvrages, de numéros de téléphone et de sites Web qui pourraient vous être utiles. Utiliser une de ces ressources pourrait être la prochaine étape de votre cheminement. Nos meilleurs vœux de réussite vous accompagnent.

Références

Adlaf, E.M., P. Begin et E. Sawka (éditeurs). *Enquête sur la toxicomanie au Canada (ETC) : Une enquête nationale sur la consommation d'alcool et d'autres drogues par les Canadiens*, Ottawa, Centre canadien de lutte contre l'alcoolisme et les toxicomanies, 2004.

Glantz M. et R. Pickens (éditeurs). *Vulnerability to Drug Abuse*, Washington, DC, American Psychological Association, 1992.

Marlatt, G.A. « Taxonomy of high risk situations for alcohol relapse: Evolution and development of a cognitive-behavioral model », *Addiction*, n° 91 (supplément) (1996), p. S37-S49.

NIDA. *The Brain & Addiction*. Disponible à http://teens.drugabuse.gov./facts/facts_brain1.asp. Consulté le 10 mai 2010.

Prochaska, J.O. et C.C. DiClemente. « Transtheoretical therapy: Toward a more integrated model of change », *Psychotherapy: Theory, Research and Practice*, 19 (3), p. 276-288, 1982.

Reiger, D.A., M.E. Farmer et D.S. Rae. « Comorbidity of mental disorders with alcohol and other drug abuse: Results from the epidemiologic catchment area study », *Journal of the American Medical Association*, no 264 (1990), p. 2511-2518.

Selby, P. et C. Els. « Tobacco interventions for people with alcohol and other drug problems » dans HARRISON, S. et V. Carver. *Alcohol & Drug Problems: A Practical Guide for Counsellors*, Toronto, CAMH (2004), p. 709-731.

Statisique Canada. *Enquête sur la santé dans les collectivités canadiennes : santé mentale et bien-être,* 2003. Disponible à www.statcan.gc.ca/daily-quotidien/030903/dq030903a-fra.htm. Consulté le 10 mai 2010.

Ressources

Pour obtenir plus de renseignements sur les services de traitement de la toxicomanie offerts en Ontario et pour être orienté vers un service d'évaluation, communiquez avec :

Drogue et alcool – Répertoire des traitements (DART)
1 800 565-8603
www.dart.on.ca

Ouvrages recommandés

PUBLICATIONS DE CAMH SUR LA DROGUE

Collection de guides d'information sur la drogue intitulée *Vous connaissez...* :

- *L'alcool*
- *La conduite avec facultés affaiblies*
- *Les amphétamines*
- *Les benzodiazépines*
- *La caféine*
- *Le cannabis*
- *La cocaïne*
- *L'ecstasy*
- *Le GHB*
- *Les hallucinogènes*
- *L'héroïne*
- *Les substances inhalées*
- *La kétamine*
- *Le LSD*
- *La méthadone*
- *La méthamphétamine*
- *Les opioïdes sur ordonnance*
- *Les stéroïdes anabolisants*
- *Le tabac*

Collection de guides d'information sur la réduction des méfaits des drogues intitulée *Parlons franchement* :

Le crack
La méthamphétamine
- *L'OxyContin*
- *La méthadone de rue*

Collection *Parlons* de bandes dessinées fournissant aux jeunes des renseignements sur les drogues :

- *Alcool*
- *Cocaïne*
- *Tabac*
- *Marijuana*
- *Jeux de hasard et d'argent*

Toutes ces publications de CAMH sont disponibles en ligne à www.camh.net/fr/About_Addiction_Mental_Health/Drug_and_Addiction_Information/index.html

Pour passer une commande, voir les renseignements à la page 68.

POUR LES ENFANTS

Centre de toxicomanie et de santé mentale. *Souhaits et soucis : une histoire pour aider les enfants à comprendre un parent qui boit trop*, Toronto, 2007.

POUR LES FAMILLES

Centre de toxicomanie et de santé mentale. *Passez à l'action ! L'alcool, les autres drogues et votre famille*, Toronto, CAMH. Disponible à www.camh.net/fr/About_Addiction_Mental_Health/Drug_and_Addiction_Information/Take_Action/take_action_introduction_fr.html

Centre de toxicomanie et de santé mentale. *Ce que les enfants veulent savoir... Lorsqu'un de leurs parents boit trop d'alcool*, Toronto, 2005. Disponible à www.camh.net/fr/About_Addiction_Mental_Health/Drug_and_Addiction_Information/when_parent_drinks_fr.html

Herie, M. et W. Skinner. *Substance Abuse in Canada*, Oxford University Press, Toronto, 2010.

Meyers, R.J. et B.L.Wolfe. *Get Your Loved One Sober: Alternatives to Nagging, Pleading and Threatening*, Center City, MN, Hazelden, 2004.

O'Grady, C.P. et W.J.W. Skinner. *Guide à l'intention des familles sur les troubles concomitants*, Toronto, Centre de toxicomanie et de santé mentale, 2008. Disponible à www.camh.net/fr/About_Addiction_Mental_Health/Concurrent_Disorders/family_guide_cdfr.pdf

POUR LES FEMMES

Centre de toxicomanie et de santé mentale. *Les femmes et l'alcool*, Toronto.

Centre de toxicomanie et de santé mentale. *Est-ce sans danger pour mon bébé ? Risques et recommandations concernant l'usage de médicaments, d'alcool, de tabac et d'autres drogues pendant la grossesse et l'allaitement*, Toronto, 2003. Disponible à http://www.camh.net/fr/About_Addiction_Mental_Health/Drug_and_Addiction_Information/Safe_Baby/index.html

Najavits, L.M. A *Woman's Addiction Workbook: Your Guide to In-Depth Healing*, Oakland, CA, New Harbinger, 2002.

OUVRAGES SUR LE TRAITEMENT

Centre de toxicomanie et de santé mentale. *Traiter les troubles concomitants et les problèmes liés à l'usage de substances et aux jeux de hasard et d'argent en Ontario : Obtenir l'aide dont vous avez besoin*, Toronto, 2009. Disponible à www.camh.net/fr/Care_Treatment/Resources_clients_families_friends/finding_treatment_fr_fr.html

Centre de toxicomanie et de santé mentale. *Traitement de maintien à la méthadone : Manuel du client (révisé)*, Toronto, 2008. Disponible à www.camh.net/fr/Care_Treatment/Resources_clients_families_friends/Methadone_Maintenance_Treatment/index.html

RÉCITS D'EXPÉRIENCES PERSONNELLES

Burroughs, W. *Junky*, Paris, Gallimard, 2008 (version française).

Crozier, L. et P. Lane (éditeurs). *Addicted: Notes from the Belly of the Beast*, Toronto, Greystone Books, 2001.

Lane, P. *There Is a Season*, Toronto, McClelland & Stewart, 2004.

Lau, E. Runaway, *Diary of a Street Kid*, Toronto, HarperCollins, 1995.

Lydon, S.G., *Take The Long Way Home: Memoirs of a Survivor*, New York, HarperCollins, 1993.

GUIDES D'INITIATIVE PERSONNELLE

Alcoholics Anonymous World Services, Inc. *Le Gros Livre* (4e édition), 2010. Disponible à www.aa.org/bigbookonline

Société canadienne du cancer. *Une étape à la fois – Pour les personnes qui ne veulent pas cesser de fumer ; Une étape à la fois – Pour les personnes qui veulent cesser de fumer ; Une étape à la fois – Aider un personne à cesser de fumer*, 2007. Disponibles à http://www.cancer.ca/

Initiative canadienne de collaboration en santé mentale. *Vers le rétablissement : Guide de santé mentale pour les peuples des Premières Nations, Mississauga, Ontario, l'Initiative*, 2006. Disponible à http://www.ccmhi.ca/fr/products/toolkits/documents/FR_Pathwaystohealing.pdf

Denning, P., J. Little et A. Glickman. *Over the Inflence: The Harm Reduction Guide for Managing Drugs and Alcohol*, New York, Guilford Press, 2003.

Dorsman, J. *How to Quit Drinking without AA* (2e édition révisée), New York, Three Rivers Press, 1997.

Gregson, D. et J.S. Efran. *The Tao of Sobriety*, New York, St.Martin's Press, 2002.

Miller, W.R. et R.F.Munoz. *Controlling Your Drinking: Tools to Make Moderation Work for You*, New York, Guilford Press, 2004.

Prochaska, J.O., J.C. Norcross et C.C. DiClemente. *Changing for Good: A Revolutionary Six-Stage Program for Overcoming Bad Habits and Moving Your Life Positively Forward*, New York, Morrow, 1994.

Rosenbloom, D. et M.B.Williams. *Life After Trauma: A Workbook for Healing*, New York, Guilford Press, 1999.

Rotgers, F., M.F. Kern et R. Hoeltzel. *Responsible Drinking: A Moderation Management Approach for Problem Drinkers*, Oakland, CA, New Harbinger Publications, 2002.

Sanchez-Craig, M. *C'est assez ! Comment arrêter de boire ou réduire votre consommation d'alcool*, Toronto, CAMH, 1995.

Trimpy, J. *Rational Recovery: The New Cure for Substance Addiction*, New York, Pocket Books, 1996.

Ressources disponibles sur Internet

Internet offre une foule de renseignements sur la toxicomanie. Certains sont excellents tandis que d'autres ne devraient pas être utilisés. Nous recommandons les sites suivants :

CANADA

Alcohol Help Center
www.alcoholhelpcenter.net

Centre canadien de lutte contre l'alcoolisme et les toxicomanies (CCLAT)
www.ccsa.ca

Centre de toxicomanie et de santé mentale (CAMH)
www.camh.net

Centres de santé communautaire
http://www.health.gov.on.ca/french/publicf/contactf/chcf/chc_mnf.html

ConnexOntario – Information sur les services de la santé
www.connexontario.ca (cliquer sur le lien « Français » en bas de la page)

Santé Canada
www.hc-sc.gc.ca/hc-ps/drugs-drogues/index-fra.php

Programme national de lutte contre l'abus de l'alcool et des drogues chez les Autochtones
www.hc-sc.gc.ca/fniah-spnia/substan/ads/nnadap-pnlaada-fra.php

ÉTATS-UNIS

SAMSHA's National Clearinghouse for Alcohol and Drug Information
http://ncadi.samhsa.gov/

National Institute on Drug Abuse (NIDA)
www.nida.nih.gov

ORGANISMES D'ENTRAIDE

Alcooliques Anonymes
www.alcoholics-anonymous.org/fr_index.cfm?Media=PlayFlash

Cocaïnomanes anonymes
www.ca.org/francais/index.html

Double Recovery Initiative (Toronto)
http://www.progressplace.org/static/community.htm#2

Moderation Management
www.moderation.org

Narcotics Anonymous/Narcotiques anonymes
www.na.org

Nicotine Anonyme
www.nicotine-anonymous.org

Smart Recovery: Self Management and Recovery Training
www.smartrecovery.ca

Women for Sobriety, Inc.
www.womenforsobriety.org

Autres guides de la collection

Les troubles anxieux

Le trouble bipolaire

La thérapie cognitivo-comportementale

Les troubles concomitants de toxicomanie et de santé mentale

La thérapie de couple

La dépression

Le premier épisode psychotique

Le système ontarien de services psychiatriques médico-légaux

Le trouble obsessionnel-compulsif

La schizophrénie

Les femmes, la violence et le traitement des traumatismes

La psychose chez les femmes

Pour commander ces publications et d'autres ressources de CAMH, communiquez avec les Publications de CAMH :

Tél. : 1 800 661-1111 ou 416 595-6059 (à Toronto)
Courriel : publications@camh.net

www.ingramcontent.com/pod-product-compliance
Lightning Source LLC
LaVergne TN
LVHW020658100826
845148LV00012B/2549

* 9 7 8 1 7 7 0 5 2 5 0 9 2 *